# Dr. Volker Schoßwald

# Rezepte aus Schossis Küche

## Ausgabe ohne Fettflecken und Randnotizen....

Schwabach, 2019

𝕰ssen und 𝕿rinken hält 𝕷eib und 𝕾eele zusammen,

verbindet die 𝕲enerationen

𝕰ntschärft die 𝕶onflikte

𝕾chenkt dem 𝕷eben 𝕲enuss

Valeria Szebinski

TWENTYSIX – Der Self-Publishing-Verlag
Eine Kooperation zwischen der Verlagsgruppe Random House und BoD –
Books on Demand
© 2019 Schoßwald, Volker (2. veränderte Auflage)
Alle Bilder vom Verfasser
Herstellung und Verlag:
BoD – Books on Demand, Norderstedt.
ISBN: 9783740761721

# 1 Grießbrei Grundrezept

Bärbels (*1924, +2012) altes Rezept: 80-100gr Gries (je feiner, desto weniger)
½ l Milch, Prise Salz, Stückchen Butter
in warme Milch geben, 5min kochen (rühren...)
oder: Milch aufkochen, dann Gries vorsichtig reinrühren und quellen lassen...
Pro Person 50gr Gries u ¼ l Milch...
Evtl. Ei einrühren...

# 2 Pfannkuchen süß und sauer

Eines meiner ältesten Rezepte.
Den Teig in einer Schüssel anrühren. Mehl abmessen, Eier aufschlagen und einrühren, dann erst Milch zugeben. Der Teig sollte zähflüssig sein.
2 Pers (großzügig):
    250gr Mehl;
    3 Eier,
    1/4l Milch,
    Prise Salz
Nach Geschmack: Zucker / Vanillezucker dazu geben; Milch nach Konsistenz.
Reichlich Sonnenblumenöl in der Pfanne erhitzen, dann mit Schöpfkelle Teil einfließen lassen. 5-7mm dicke Scheibe. Wenn sich die erste Kruste gebildet hat, im Fett leicht kreisen lassen. Wenn der Teig auch an der Oberfläche fester wird, zügig wenden. Auf bereitliegendem Teller stapeln. Immer wieder Öl nachgießen. Vorsicht: Der Koch isst vorerst nicht mit, erst nach dem letzten Küchlein.
Varianten: mit Bananen oder mit Schweizer Wurstsalat gefüllt.

# 3 Mayonnaise Grundrezept

**Muttertagsmayonnaisse** für leckeren Kartoffelsalat
1 Ei, 2TL Senf, Salz, Pfeffer, Spritzer Essig, ¼ l Öl
mit dem Zauberstab Stufe 2 rühren: 5sec unbeweglich auf Boden, dann langsam alles von unten nach oben durchquirlen...

# 4  Marinade für Salate

Grundsätzlich (nach Menge variierbar): Öl zu Essig. 1 zu 3 EL, ½ TL Salz, Pfeffermühle 5-8x drehen, Thymian auf der Handfläche verreiben (Aroma entfaltet sich), Majoran mörsern, frisches Rosmarin kleinschneiden, Liebstöckel kleinschneiden, am besten gemischt mit Schnittlauch und Petersilie.

Paprikapulver hinzugeben.

½ Zwiebel in Olivenöl 1 Min. in Mikrowelle dünsten

1 Knoblauchzehe hacken

Bei **Gurken-Salat**: Mit etwas saurer Sahne anrichten und frischen Dill dranschneiden.

**Tomaten-Salat** nur mit Olivenöl, Essig, Salz und Pfeffer, gerne auch frisches Balisikum, Knoblauch gehackt, Zwiebeln frisch.

**Kartoffel-Salat**: eine halbe Tasse mit Rinderbrühe hinzufügen. Eventuell Gurken, geröstetes Bauchfleisch, Zwiebel und gemörserten Kümmel (!).

# 5  Italien: Tomate, Mozzarella, Basilikum

Die Farben der italienischen Flagge mit italienischen Zutaten.

Klar: Fünf Tomaten in Scheiben schneiden, genauso viele Mozzarella-Scheiben mit je einer Tomatenscheibe unterlegen. Darüber entweder reines Olivenöl (beste Pressung, man schmeckt es) oder eine Olivenöl (3 EL) -Balsamico (1EL) – Marinade. Dazu etwas Salz – den Tomaten entsprechend. Balsamico lässt sich auch in Linien zum Schmuck darüber gießen (siehe Bild).

# 6   Waffelrezepte

## 1.1  Der Klassiker aus dem blauen Rezeptbuch

180gr Mehl,
100gr Butter
85gr Zucker,
2 Eier
1 Vanille, ¼ Backpulver, 125 cl Wasser

## 1.2  Fünfzehn Waffeln

Für ca. 12 - 15 Waffeln
250 g Margarine (¼ l Öl), 250 g Zucker
6 Eier, 500 g Mehl
ca. ½ l Milch, eventuell etwas Mineralwasser hinzugeben
2 Päckchen Vanillezucker (: Mit Rumessenz)
1 Kaffeelöffel Backpulver
**würzig**: + geriebener Käse (kein Zucker) Oregano… Knoblauch

## 1.3 Waffeln encore

125 gr. Butter, 25 gr Zucker, 3 Eier, 250 gr Mehl, 1/2 Tütchen Backin, 1/2 Tütchen Vanillezucker, 1/4 l Milch, Schale von 1 unbehandelten Zitrone, 1/2 Fläschchen Rumaroma

Butter schaumig rühren, übrige Zutaten beigeben, Gewürze beifügen.
Im heißen Waffeleisen backen.

## 1.4 Haferflocken-Käse-Waffeln

**Zutaten für 3 Portionen**

¾ Bd Schnittlauch

¼ l-Milch

50-g-Butter

80-g-Kernige Haferflocken

Prise Salz

120 -g-zarte Schmelzflocken

120 g- geriebener Gouda

Paprikapulver, Origano, Herbes de Provence

Zutat: Tomatenmark rein…

# 𝔅𝔯𝔬𝔱𝔢

### 1.5  Weizenbrot simpel

Backform beim ersten Mal mit Öl ausspülen.
500gr Weizenmehl
320ml lauwarmes Wasser
1 Päckchen Hefe
Salz – Anis

### 1.6  Ordinations-Weißbrot

Im Backautomaten! 300 ml Milch,
1 ½ EL Margarine, 1 TL Salz / 1 EL Zucker
540 Mehl (Typ 405), ½ Stück Hefe (18gr)

Links: die Hefe ist am Form-Rand hochgekrochen.

# 8    Dinkel – Roggen - Brot

Wasser 300ml / 1 ½ TL Margarine, 1 Ei, 1 TL Salz, 2TL Zucker, 250gr Roggenmehl 998, 250gr. Dinkelmehl, ½ Hefe
Programm: Vollkornbrot

Varianten: mit **Bier, Malzbier, Rotwe**in
Mit **Anis** würzen… vorwiegend mit Kümmel…
Besser auf Ei und Zucker verzichten

# 9    Kartoffel (Roggen) -Dinkel-Brot

320ml Wasser
300gr Dinkelmehl
200gr Kartoffelmehl
15 gr Hefe
1 ½ Esslöffel Margarine
1 TL Salz
Programm: Normal
War im Prinzip ok, vielleicht etwas ungleichmäßig gegangen…
Mehr Salz nötig

**Variante** mit 200gr **Roggen**, 300gr **Dinkel** (Vollkorn); Programm Vollkorn. Wurde prima.

# 𝕾üß𝖊𝖘

## 10 Apfelauflauf mit Milchreis

1/2l Milch, 500g Äpfel, 150g Milchreis, 250g Speisequark, 3 Eier, 4 Eßlöffel Zucker, Zitronensaft, 1 Prise Salz. (evtl Vanillezucker)

- Milch, 2EL Zucker, Salz u Zitronenschale aufkochen,
- Reis waschen, einrieseln lassen, ausquellen
- Eier trennen. Eigelb m Speisequark u Restzucker verrühren.
- Eiweiß steif schlagen
- Äpfel schälen, entkernen, kleinschneiden.
- Kalten Reis m Eier-Quark u Apfel mischen, Eiweiß unterheben. 200° / 45 Min

Die Milch mit der Hälfte des Zuckers und einer Prise Salz aufkochen, den Reis einrieseln und ausquellen lassen. Eier trennen und Eigelb mit dem Speisequark und dem restlichen Zucker verrühren. Eiweiße steif schlagen. Äpfel schälen, entkernen und kleinschneiden. Den erkalteten Reis mit dem Eier - Quark und den Apfelstücken mischen, Eiweiß unterheben. Alles in eine gefettete (Öl, Semmelbrösel) Auflaufform (am besten mit Deckel) geben.

## 11 Apfelgratin

1 (saurer Apfel, z.B. Boskop) schälen
Äpfel vierteln, einschneiden, in gebutterte Form legen,
**Soße (4-5 P):**
25gr Butter, 6 EL Sahne,
Gut 25gr Honig (ca: 40gr)
Zusammen verflüssigen, **Äpfel** mit Zucker und Zimt bestreuen (kurz bevor in Röhre), Soße drüber,
Bei 200° C 30 min **backen,** Heiß servieren.

## 12 Karthäuserklöße + Weinsoße (alá Barbara Schoßwald)

Vorbereitungszeit ca. 1 ½ Stunden

*handgeschriebenes Rezept:* Karthäuserklöße + Weinsoße – 4 Pers.

1 Pfd. Weißbrot, 2-3 Eier, ½ l Milch, nach Bedarf Semmelmehl, 1 Vanillezucker, - Kokosfett

Das Weißbrot in etwa 4-6 dicke Scheiben, nochmals vierteln. Eier mit Milch u. Vanille (1Pckchen) verquirlen, Weißbrotwürfel begießen und gut durchweichen lassen. Evtl. etwas Milch zugeben. Ausdrücken (es sollte nicht viel Milch herauskommen), in Semmelmehl wälzen u. in siedendem Fett schwimmend goldbraun backen (Sollte heißes Fett Feuer fangen mit Topfdeckel oder Tuch ersticken! Nicht ins Spülbecken gießen oder Wasser darauf schütten!!!), Zucker + Zimt über die fertigen Klöse streuen.

Weinsoße: ¼ l Wein + ¼ l Wasser, 1 Stange Zimt zum Kochen bringen. ½ P Vanillesoßenpulver mit 1 - 3 Eßl. Zucker u. Wasser anrühren und in die koch. Flüssigk. Langsam einrühren. 1 Eidotter verquirlen u. langsam mit der Sose verrühren.

1 Stunde; mit Brötchen vom Vortag. Geviertelt. Brötchen gerieben: dieses Semmelmehl war mehr als reichlich (Rest mit Eiern und Gewürzen gebraten...)

# 13 Karthäuserklöße und Weinsoße von Volky-Popy

Für 4 Personen. Vorbereitungszeit ca. 1 ½ Stunden
8-12 Vortagsbrötchen (hängt vom Hunger ab)
2-4 Eier (hängt von den Brötchen ab)
½ l Milch, Semmelmehl in tiefem Teller
1-3 Vanillezucker, Kokosfett bzw. Pflanzenöl

Rinden von den Brötchen abreiben, Brötchen vierteln.
Eier mit Milch u. Vanille (1 Päckchen) verquirlen, Weißbrotwürfel begießen und gut durchweichen lassen. Evtl. etwas Milch zugeben. Ausdrücken (es sollte nicht viel Milch herauskommen), in Semmelmehl wälzen u. in siedendem Fett schwimmend goldbraun backen (alter Tipp von Mama Bärbel Schoßwald: Sollte heißes Fett Feuer fangen, mit Topfdeckel oder Tuch ersticken! Nicht ins Spülbecken gießen oder Wasser darauf schütten!!!).
Zucker + Zimt über die fertigen Klöße streuen.

**Weinsoße**:
250ml Wein, 250ml Wasser, 4 Eier
1 Stange Zimt, 1 Päckchen Vanillesoßenpulver , 3 EL Zucker
¼ l Wein + ¼ l Wasser sowie 1 Stange Zimt zum Kochen bringen.
1 P Vanillesoßenpulver mit 1-3 Eßl. Zucker u. Wasser anrühren sowie 3 Eidotter und 1 Ei verquirlen u. langsam mit der Soße in die koch. Flüssigkeit einrühren, bis es schäumt.
Die übrigen Eiweiße zu Ei-Schaum schlagen. Die Weincreme abkühlen lassen, dann den Schaum unterheben.

# 14 Kirschenmichel

nach Großmutter Henschel, geb. Engel aus der „Kirschenmühle" in Pfungstadt.

für 4 Personen

5 Bäckerbrötchen, ¼ l Milch, 4-5 Eier, 2 Vanillezuckerpäckchen, 4-5 EL
   Zucker, Semmelmehl (oder 1 EL Vanillepuddingpulver)
Brötchen 2x längs und breit schneiden (9 Teile)
in Teigschüssel
In Töpfchen: Eier / Milch / Zucker / Vanille mit Schneebesen verrühren.
Über Brötchen gießen, ½ Stunde ziehen lassen
Mit Kochlöffel überprüfen, ob durchgezogen; bei Restflüssigkeit
   Semmelmehl (bzw. Puddingpulver)
Auflaufform ausfetten, 1 Pfd. Kirschen mischen...
200° normal, ab Aufheizen 40 min...

# 15 Makkaroni mit Semmelbrösel

250gr dicke Makkaroni kochen
100gr Butter zerlassen, darin Semmelbrösel zu Klümpchen rösten
Zwetschgenkompott
Ein Heidenspaß für uns Kinder, denn wir schlürften die
Kompottflüssigkeit durch die Makkaroni. Klang furchtbar, machte
viel Vergnügen.

# 𝔇𝔢𝔣𝔱𝔦𝔤𝔢𝔰

## 16 Blumenkohl

Mit Pellkartoffeln und heller Sauce, in der Strunk und Blätter verarbeitet sind.
Ganzer Kümmel! Die Sauce zum Schluss als Käsesauce. Kohl: Sico 10min)

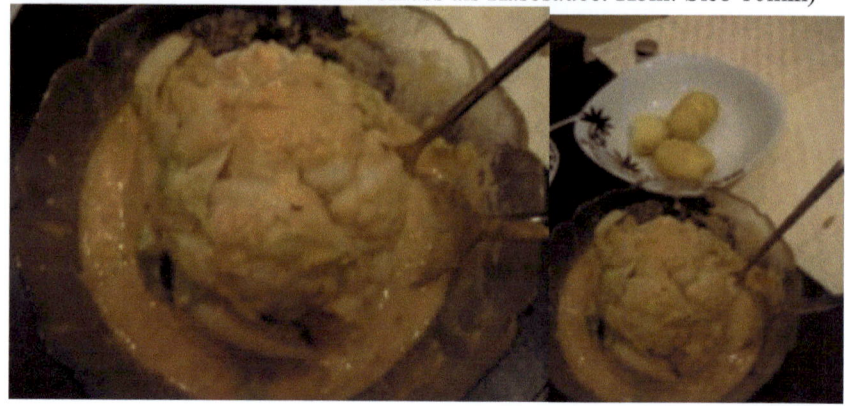

## 17 Bohnen - Zucchini-Chili

  4 Zucchini (900gr)
  2 EL Rapsöl
  2 Zwiebeln
  4 Knoblauchzehen
  2 rote Chili-Schoten
  7 Selleriestangen
  600ml Gemüsesaft
  225gr weiße Bohnen (Dose?)
  ½ Zitrone, Salz, Kumin, frischer Koriander, 2 TL Herbes de Provence
  2EL körniger Frischkäse

Zucchini in große Stücke schneiden, in Öl anbraten, salzen, mit 1 TL Kräuter
  bestreuen, 5 min dünsten, herausnehmen.

Zwiebel, Knoblauch, Chili u Sellerie fein hacken. Mit 4 EL Wasser in der Pfanne
  andünsten. Gemüsesaft, abgetropfte Bohnen, restliche Kräuter u Kumin
  zugeben.

Zugedeckt 20min garen. Mit Gewürzen abschmecken.

Frischkäse, Korianderblättchen u Zitronensaft verrühren und mit Chili u
  Zucchini anrichten.

# 18 Chili con Carne

**20** Portionen / ½ Stunde, bis alles drin ist (ab Zwiebel schneiden)
in vier Töpfen gekocht 1 ½ Stunden gekocht (Tomaten nach 80Min)

3,2 kg gemischtes Hackfleisch
8 kl. Dosen Bohnen (2,5kg)
1-3 Dosen Mais
8 Chilischoten
8 Zwiebeln
4 Knoblauchzwiebeln
4 TL Kümmelpulver
8 TL Chilipulver
4 Zimtstangen
Pfeffer, Salz, Tymian, Rosmarin, Majoran
Rinderbrühe nach Gefühl
nach 80 Min zugeben: 12 gr. Dosen Tomaten (1,5kg)

# 19 China-Hähnchen mit Wachtelbohnen

450 gr Hähnchenbrüste (ca 5cm Stücke schneiden)
1 EL Sojasauce
1,5 EL Sherry
½ TL Salz, 1 TL Zucker
1 TL Sesamöl, 2 EL Erdnussöl
½ EL Ingwerpulver, 2 TL Stärkemehl
2 Zehen Knoblauch gehackt
2 EL Schalotten (gehackt), 3,5 EL Frühlingszwiebeln (gehackt)
2,5 EL Wachtelbohnen
150 ml Hühnerbrühe

a) Mischen: Hähnchenstücke, Sojasauce, Sherry, Salz, Zucker, Sesamöl, Stärkemehl
b) Öl erhitzen in Wok. Hähnchen unter Rühren 2min braten
c) Knoblauch, Schalotten, Frühlingszwiebeln und schwarze Bohnen (waren schon gekocht) hinzufügen. 2 Minuten braten
d) Brühe hineingießen, aufkochen, 3 Minuten köcheln (schwache Hitze)

# 20 Dänischer Salat (RAD)

By Barbara Henschel kolportiert, der Weihnachtsklassiker in der Mechwartstraße. Noch aus frühen Kriegszeiten.

f. 4 Personen
2 Rippchen (mager) (das war ihr wohl das Wichtigste, weil seltenste)
2-4 Eier (hart gekocht)
1/4 Hörnchennudeln…
1 kl Glas Majonaise
1 saure Gurke (klein geschieden)
1 mittelgroßer Apfel (")
1 Dose (800) Erbsen + Möhren
1 kleine Dose Erbsen extra fein
1 Teelöffel gestrichen voll Senf
Salz, Pfeffer, Oel, evtl. 1-3 Eßl. Saure Sahne

Nudeln weich kochen, Rippchen u Eier in Würfel schneiden u. mit allen Zutaten gut mischen, mindestens 1 Stunde ziehen lassen lassen. Bitte Reste nicht länger als zwei Tage aufheben.

# 21 Fenchel mit Feta

4 Fenchel (wenn es alle mögen), 400ml Milch (1,5%), Muskat, Majoran, 3 Knoblauchzehen, 450gr TK-Spinat, 300gr Weizenkörner (vorgegart), Salz, Pfeffer, 4 Tomaten, 120gr Schafskäse (darf auch mehr sein...), 2 TL italienische Kräuter....

Fenchel halbieren, Strunk entfernen, im Dämpfeinsatz 10 Min garen (Sico); Weizenkörner mit Wasser übergießen u kochen, dann Spinat dazugeben: 4 Min garen oder dabei auftauen... Milch, Gewürze u Knoblauch zugeben, 4 Min garen. Salzen u pfeffern.

Parallel Tomate u Schafskäse hacken, mischen, mit Kräutern verrühren und etwas Naturjoghurt dazu. Auf den Fenchel geben...

(Original: Tomate-Schafskäse-Mischung in Fenchelhälften füllen u 4 Min dämpfen...)

Erfahrung: den Kindern schmeckte der Fenchel nicht... Außerdem nahm ich Hafer. Aber das war kein Problem.

# 22 Fleischküchle

500 gr gemischtes Hackfleisch

2 trockene Brötchen (1/2 Std im Wasserteller einweichen)

2 Eier

1 Zwiebel (hacken)

Salz, Pfeffer, diverse Kräuter, Muskatnuss gerieben

Brötchen zupfen, alles durchkneten, eine halbe Stunde ziehen lassen, zu kleinen Bällchen zwischen den Händen rollen.

Öl in heißer Pfanne erhitzen (mit Zwiebelstückchen Hitze überprüfen)

Die Klößchen auf beiden Seiten scharf anbraten. ca. 10 Min köcheln.

Praktisch: Kartoffelpüree dazu und diverse Salate

# 23 Gnocchi-Broccoli-Auflauf

4 Personen
150g Speck
400g Broccoli (Salzwasser)
800g Gnocchi (2 Minuten kochen)
200g Gratinkäse
1 Zwiebel
Salz, Pfeffer
100ml Kochwasser
$\frac{3}{4}$ Käse mischen + Kochwasser
$\frac{1}{4}$ Käse obenauf
175° / 15 Min

Gnocchi kochen, Broccoli blanchieren, Schinken in Streifen schneiden. Sahne mit Salz, Pfeffer und Muskat. Mischen, in Auflaufform, Käse drüber streuen.

# 24  Gulasch  Paprika/Rotwein

| Für 3 Personen | Für 5 Personen |
|---|---|
| 500gr Gulasch | Gulasch |
| 4 Zwiebeln | Zwiebeln |
| 1 rote Paprika | 1 rote u grüne  Paprika |
| Sonnenblumenöl | Sonnenblumenöl / Olivenöl |
| 2 Zehen Knoblauch | 4 Zehen Knoblauch |
| ½ l Wasser | 3/4 l H²O |
| ¼ l Rotwein | 1/2 l Rotwein |
| Salz, Pfeffer, Paprika | 1 EL Salz |
|  | 1 Brühwürfel, Pfeffer, Paprika |
| Soßenbinder | Soßenbinder |

Gulasch mit Olivenöl und Gewürzen 10 Minuten einlegen und in siedendem Sonnenblumenöl scharf anbraten, dann zwei Zwiebeln mitdünsten und eine Knoblauchzehe, mit Rotwein ablöschen, Wasser dazugeben, die restlichen Zwiebeln und die Paprika (in Streifen).

**Damit das nächste Mal anders schmeckt: Zwiebeln rösten, 2 mittlere Tomaten hacken, ¼ Sellerieknolle reiben, 1 Möhre hacken.**

Topfrand abwischen, Sico schließen.

Nach 20min abdampfen. 1 gehackte Knoblauchzehe dazu, Soßenbinder einrühren (erst jetzt, sonst brennt die Sauce an), evtl. Liebstöckel.

Lecker mit Kartoffeln oder Kartoffelpüree, aber auch Reis, und frischem Salat.

**Kartoffelpüree** fertig (5Min): 3/4 l Wasser, 1 TL Salz aufkochen. Topf von der Kochstelle nehmen. ¼ l kalte Milch, ein Stück Butter (20g) (1 EL Olivenöl) dazu geben. 2 Beutel Püreeflocken einrieseln, mit Besen gut einrühren. 1 Minute quellen lassen und noch einmal kurz durchrühren.

# 25 Gulaschsuppe Löwi

Zutaten für **20** Portionen: 2,8Kg, zwei Sicos 2x parallel
Fleisch in Öl einlegen, mit Paprikapulver und Pfeffer würzen
700gr Gulasch - mit Rotwein löschen :
1l Wasser muss erst mal reichen! 2l war für den Druckaufbau zuviel!
3 EL Gemüsebrühe , 5 Zwiebeln gedünstet (jedes Mal nachgegeben)
3 Paprika, 5 Tomaten + passierte Tomaten
3 gewürfelte große Kartoffeln, 3 Möhren (klein)
3 TL Salz
größere Mengen: Majoran, Thymian, Basilikum (Knoblauch!)
1/2 Becher saure Sahne
Bindemittel (Mondamin)

1Std Vorbereitung 3,5kg; 1l 2EL Rinder/ Gemüsebrühe / 20min garen, dann Saucenbinder etc.; 4 Töpfe (2x>Malz löschen, 2xRotwein)

# 26 Römischer Hähnchen-Sauerkraut-Topf

2 Zwiebeln, 2 Knoblauchzehen, 200gr Möhren (1große),
2EL Ahornsirup,1 Dose Sauerkraut (770gr),
4 Hähnchenfilets ohne Haut (ca.550fgr), Salz, Pfeffer,
1 EL Olivenöl, 3EL körniger Senf, 2EL saure Sahne,
frischer Thymian, 1EL gehackte Petersilie, 200ml Apfelsaft

**Römertopf** 15min wässern, Zwiebeln u Knoblauch hacken, mit Möhrenwürfel, Sauerkraut u Ahornsirup vermischen. Hähnchenfilets salzen u pfeffern. Öl, Senf, saure Sahne, Thymian u Petersilie verrühren.

Erst Sauerkraut, dann Hähnchen in Topf. Kräutermischung bestreichen. Apfelsaft zugießen, Topf schließen.

Kalter Backofen. Umluft 180°, 50 min.

+ 600gr gedämpfte Kartoffeln (ca.10 mittelgroße)

# 27 Herbst - Kürbisbrei

Brauche zwei Stunden mit Vorbereitung

1/2 Kürbis

1 Stange Lauch, 1/2 Sellerie, 1 Zwiebel (evtl Knoblauch)

4 Möhren, 6 Kartoffeln, 1/2 l Milch

2 TL Salz, Kümmel u andere Gewürze

1 l Wasser (immer wieder zugeben)

Mit Zwiebelanbraten beginnen, dann Kartoffeln kochen, Sellerie dazu, Möhren und… tja Kürbis zerkleiner… im Sico 10min, dann pürieren.

# 28 Jambalaya

2 Orangen,
200gr mageres Schweinegeschnetzeltes,
2 Tomaten,
4 Selleriestangen,
200gr Reis,
gut ½ l Gemüsebrühe,
600 gr Mais,
200gr Ananas,
2TL Öl, Salz, Zitronensaft, Cayennepfeffer, 4 TL Ahornsirup,
4TL Worcestersoße
Worcestersoße, Sirup, Orangensaft u Pfeffer verrühren. Mit Fleisch u
Tomatenwürfeln mengen,
Selleriewürfel u reis in Öl andünsten, Brühe u Mais unterrühren, **8 Min**
garen; Fleisch, Tomaten, Ananas zugeben. **10 Minuten** garen

# 29 Kalbsbraten Sixty-Four

Zutaten für 4 Personen
750 g Kalbsfleisch (z.B. aus der Keule) (22€/kg)
Suppenbrühe
Butterschmalz
0,5l Schwarzbier
400 ml Wasser
Knoblauch (3), Zwiebeln (3)
Rinderbrühe, 3xBratensaucenpulver
Salz, Estragon
**Zubereitung**
Fleisch von allen Seiten anbraten.
Mit Bier und Wasser ablöschen.
1/2 TL Salz, Thymian, Basilikum, Rosmarin hinzufügen.
Schnellkochtopf 16 min..
Flüssigkeit durchsieben, abschmecken; exzellent
**Dazu Püree**

# 30 Kräftiger Kartoffel-Salat

10 Kartoffeln 15 Min. im Sico, abkühlen lassen, schälen
4 Tomaten
2 Paprika (gelb, grün)
1 Zwiebel m Öl, 3 Knoblauchzehen, Kümmel
in Mikrowelle 1.30 Min. dünsten
1 Stange Liebstöckel
Thymian aus Garten
Getrocknetes Oregano
Mayonnaise siehe oben
Evtl. 3 Zwieblochs

Ca: 90 Minuten ansetzen, Mit Bratwürstchen sehr lecker

10 Kartoffeln 15Min Sico, abkühlen lassen, schälen
Zwiebeln rösten, 2 EL Olivenöl, 1EL Balsamico
Thymian, Majoran, Salz, Pfeffer, Paprikapulver
Je nach Geschmack: Kümmel ganz
1/8 l Rinderbrühe

# 31 Kasseler im Blätterteigmantel

*240gr Tiefkühl-Blätterteig*
*1 Eigelb*
*1 kg (gekochtes) Kasseler*
*2 Zwiebeln*
*2 Lorbeerblätter*
*2 Bund Petersilie*
*3 EL Senf*
*Backofen auf 200° vorheizen*

Κασσελερ 40 Μινυτεν ιν κοχηενδεμ Ωασσερ μιτ Ζωιεβελν υνδ Λορβεερ γαρεν (Φραυ Στεινερ πον δερ Αλτενφυρτερ Μετζγερει σαγτ: γαρ νιχητσ δαμιτ μαχηεν, διε Βαχκζειτ ρειχητ...)
Βλ™ττερτειγ ζυ εινεμ Ρεχητεχκ 25ξ40χαμ αυσρολλεν. Σενφ υνδ Πετερσιελιε μιτ Ειωειᴪ μισχηεν υνδ α υφ δεν Τειγ γεβεν. Κασσελερ ιν δεν Τειγ εινωιχκελν. Μιτ Ειγελβ βεστρειχηεν. 30 μιν βαχκεν...

- ✓ M Kartoffelsalat + Paprika-Tomaten-Salat
- ✓ Blätterteig auftauen 10min / Fleisch kalt abwaschen Ofen 210° vorheizen
- ✓ Blätterteig: Rechteck doppelte Größe ausrollen
- ✓ Fleisch auf Teig, verquirltes Eiweis auf Teigränder, Ränder übereinanderdrücken. Naht nach unten auf kalt abgespültes Blech.
- ✓ Eiweiß – gelb verquirlen: Aufstreichen
- ✓ 2. Schiene von unten: ca.30min (gekochtes Rindfleisch)
  - ✓ 6 Pers. 300gr Blätterteig 1 Kilo Kasseler

## 32 Kartoffel-Porree-Gratin

1 kg Kartoffeln, 4 Lauchstangen (600g), 8cl Milch (1,5%),
2 Knoblauchzehen, Muskat, Pfeffer, Kräutersalz, für Form: Rapsöl; 1
Tomate, 4 EL Parmesan
  Kartoffeln schälen, hobeln, Lauch = Porree längst halbieren, in Stücke
schneiden, Kartoffeln, Porree, Milch, Knoblauch u Gewürze aufkochen,
2 Min garen. Ofenfeste Form einfette, Tomatenstreifen zu den Kartoffeln
geben. Einfüllen, mit Parmesan bestreuen. Vorgeheizt 200° Umluft.

## 33 Kichererbsen-Curry

30gr Ingwer (evtl. Pulver)
1 Chilischote
2 Knoblauchzehen
2TL Rapsöl
1 EL Curry
400 ml Gemüsebrühe
3 Möhren (250gr)
1 Dose Kichererbsen (265gr)
1 EL Senf
1 Messlöffel Bindemittel (Biobin)
150gr Joghurt (1,5%)
150gr Weintrauben
½ Bund Schnittlauch
dazu Reis
  Ingwer, Chili u Knoblauch hacken, in Öl andünsten, mit Curry
bestreuen. Brühe, Möhrenscheiben, abgetropfte Kichererbsen u Senf
zufügen.
  Zugedeckt 15 Min garen, Bindemittel einrühren, Joghurt u
Weintrauben, mit Schnittlauch bestreuen...

## 34 Köhlernudeln: Spaghetti carbonara

**Köhlernudeln:** 200 g Spaghetti, 80 g Bauchspeck, 80 g Parmesan, 2 Eier

1 El Öl, 200 ml Schlagsahne, Salz, Pfeffer, Muskat, Petersilie
Speck würfeln und auslassen, Käse reiben. Die Hälfte vom
Käse mit Eiern, Sahne, Salz, Pfeffer und Muskat verquirlen.
Nudeln al dente.

Nudeln abgießen, mit Ei-Sahne-Mischung in die Speckpfanne
geben, bei milder Hitze erwärmen (nicht zu heiß, sonst gerinnt sie).
Sofort beiseite stellen, Pfeffer und restlicher Käse daneben.

## 35 Kürbis im Oktober

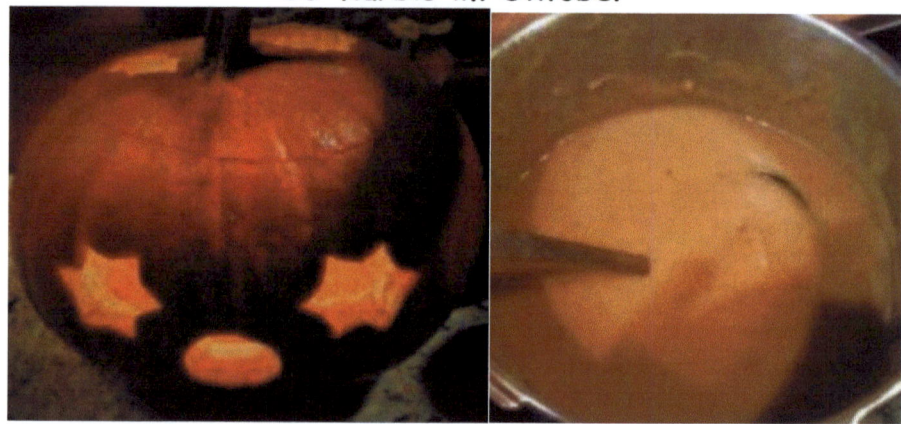

Vorher – nachher

Mittelgroßen Kürbis halbieren und dünn schälen, gründlich
entkernen, in grobe Würfel schneiden. Kartoffeln schälen
2 Zwiebeln in der Pfanne anbraten,  Kartoffeln geviertelt zu
Zwiebeln zum Anbraten, dann ablöschen
Schnellkochtopf (mit Einsatz) mit Kürbis halbvoll, 6 Kartoffeln.
½ Liter Wasser + 4 Teelöffel Gemüsebrühe, Salz, Curry…
Mit Wasser übergießen, Brühwürfel und Gewürze dazugeben.
Frischer Majoran und Thymian aus dem Garten, 2 Äpfel.
**5** Minuten kochen im Schnellkochtopf, danach Einsatz entfernen
und das Gemüse pürieren und in Glasschüssel umfüllen.
In Teller geben und mit Kürbiskernöl garnieren.
Leckere **Variante** mit 2 Möhren, 1 Kohlrabi, eine Stange Lauch, 4
Tomaten, evtl. Muskatnuss.

## 36 Lasagne

50 g geriebener Emmentaler / 250 g gemischtes Hackfleisch
1 Zwiebel, Tomaten püriert (1 Packung), Italienische Kräuter
100 g Crème fraîche, 1 EL Pflanzenöl, Salz, Pfeffer
6 Lasagne-Platten (oder mehr)
Hackfleisch mit Zwiebeln anbraten. Pürierte Tomaten dazu. Helle Soße mit Creme fraiche mischen. Kräuter dazu. Mit Salz und Pfeffer abschmecken. In eine gefettete, flache Auflaufform Hackfleischsauce und Lasagneplatten einschichten. Crème fraîche darauf verteilen. Mit Käse bestreuen, 175 °C 30 Min

## 37 Linsen mit Lauch und Co

(ca 1Std von A bis Z), evtl kürzer, wenn weniger Schnippeln…)
500 gr Linsen (einweichen nicht nötig), 2,5l Wasser
4 Zwiebeln rösten / dünsten
2 Karotten, 1 Paprika, 2 EL Gemüsebrühe
Salz, Pfeffer, Kümmel, Kräuter der Provence
Variante: plus 4 Stangen Lauch und fünf Kartoffeln sowie Tomatenpüree… aber nur 1,5l Wasser. Sico: 10-15min (stimmt)

# 38 Mexikoauflauf Mais Bohnen

Zubereitung: 1 Std. Zutaten für 10 Personen:

| | |
|---|---|
| 450 g | Mais |
| 450 g | rote Bohnen |
| 1350 g | Gehacktes |
| 1350 g | Kartoffeln |
| 1 l | Milch |
| 1/2 l | Sahne |
| 450 g | Gouda geraspelt |
| 2 EL | Speisestärke |
| 68 gButter | |
| 7 EL | Öl, Tabasco, Salz, Pfeffer, Muskat |

Milch und Sahne zum Kochen bringen, mit angerührter Speisestärke sämig binden. Tomatenmark zugeben. Mit Salz, Pfeffer, wenig Tabasco und wenig Muskat würzen. Öl in Pfanne erhitzen und das Hack kurz anbraten. Mit Maiskörnern und roten Bohnen vermengen. Kartoffeln schälen, waschen und in Scheiben schneiden. Abwechselnd die Hackmasse und Kartoffeln in gefettete Auflaufform schichten. Mit der Soße überziehen. Mit geraspeltem Gouda bestreuen.

mittlere Schiene 180° ca. **40** Minuten

# 39 Nudelauflauf Grüner Nudelauflauf a la Rike

3 Personen, Zubereitung komplett 1std.

200g Vollkornnudeln, 200g Hüttenkäse, 100g Sauerrahm, 1 gehackte Zwiebel, (1 Knoblauchzehe, 1TL Worchestersauce) 4EL geh Kräuter, 5 EL geriebener Käse, 1TL Salz, Pfeffer, (5EL Semmelbrösel; 2 EL Butter in Flöckchen)

Nudeln gar kochen u abgießen. Mit Hüttenkäse, Rahm, Zwiebeln, Knoblauchzehe, 2EL geh Kräuter u d Gewürzen vermischen. In ausgeölte feuerfeste Form. Mit Semmelbrösel - Käse - Kräuter - Gemisch dick bestreuen, darauf die Butterflöckchen.

In den auf 180° vorgeheizten Ofen schieben u 30min lang backen.

# 40 Nudelauflauf Out of the blue

250gr Nudeln (9 Min gekocht)
200gr geriebener Käse (150gr in den Auflauf, 50gr drüber)
3 Eier / 200 ml Sahne
1 Feta-Ziegenkäse
100gr Salami gewürfelt
2 Tomaten
Herbes des Provence reichlich, Thymian dezent, Paprikapulver (2TL)
180Grad 40 Minuten
auch möglich: Karotten oder rote Bohnen dran tun…

# 41 Nudelauflauf Out of the green ()

500gr Gemischtes Hackfleisch, angebraten,
1 gehackte Zwiebel mitgebraten
4 Zehen Knoblauch
200gr Hüttenkäse
250gr Vollkornnudeln
200gr geriebener Käse (150gr in den Auflauf, 50gr drüber)
3 Eier / 100 ml Sahne / 2 Tomaten
reichlich Herbes des Provence, dezent Thymian, Paprikapulver (2TL)

## 42 Nudelauflauf Out of the red ()

250gr Nudeln (al dente gekocht)
200gr geriebener Käse (150gr in den Auflauf, 50gr drüber)
200gr Hüttenkäse
3 Eier
200 ml Sahne
2 Tomaten
Herbes des Provence reichlich, Frischen Thymian so gut es geht
Paprikapulver (2TL), Eine mittlere Karotte gehackt
rote Bohnen …
1 gehackte Zwiebel vordünsten in der Mikrowelle
2 Zehen Knoblauch

180Grad 40 Minuten (1 mittlere u 1 kleine Form, mit verschiedener
    Mischung)

## 43 Pasta mit Bohnen-Pilz-Sugo

100g Möhre (2), 100g Sellerie (dicke Scheibe), 1 Zwiebel,
2Knoblauchzehen, 200g Champignons, 1 Dose Tomaten (240gr),
1EL Öl, 50g Tomatenmark, 100ml Gemüsebrühe, 1Dose weiße
Riesenbohnen (240g), 1EL iatlienische Kräutermischung. Salz, ½
TL Zucker, 300g Spaghetti, Petersilie, Tabasco, 50g geriebener
Parmesan.

Möhre, Sellerie, Zwiebel, Knoblauch in feine Würfel, Pilze
blättrig schneiden, Tomaten i d Dose zerkleinern, Gemüsewürfel in
Öl andünsten, Tomatenmark zugeben u kurz anrösten. Tomaten,
Brühe, Bohnen, Pilze u Gewürze zugeben u 20 Min bei mittlerer
Hitze zugedeckt garen. Pasta wie üblich. Petersilie zugeben, Sugo
m Salz u Tabasco abschmecken.

# 44 Pizza - Tostapane Emiglia Romana Efauesse

1 Packung Toast
500 Gramm geriebener Käse
400 Gramm gewürfelter gekochter Schinken
Je eine rote, gelbe, grüne Paprika,
5 rote Tomaten,
1 kleines Glas Salatmayonaisse / 1 Zwiebel gehackt
1/2 Becher Sahne
eventuell frisches Basilikum
Oregano
Bei 180-200° ca. 10-15 Minuten überbacken.

# 45 Pizza Ramsches

| 250 gr Mehl | 500 gr Mehl |
|---|---|
| 15 gr frische Hefe | 40 gr frische Hefe |
| 1/10 l Wasser | 300 ml Wasser |
| 2 EL Olivenöl | 4 EL Olivenöl |
| 1 TL Salz | 1 TL Salz |
| Schuß Rotwein | |
| Mehl zum Ausrollen | 30 Min backen |

Teig: Einfach vermengen. Halbe Stunde an warmem Ort gehen lassen. Belegen. Ofen vorheizen (250°), dann 20 min.) relativ dünn auf Blech. Viel Mehl zum Ausrollen, Wellholz einmehlen, Hände ebenfalls.

Drüber, was de hast. Smarty insistierte auf Zwiebeln (in Scheiben) und Knoblauch (gewürfelt); dazu grob geschnittene Salami, Pepperoni, Paprika, Tomaten, Tomatenketchup, drüber Gouda, in dicken Streifen. Kräuter ala Willkür (de Provence, Majoran, Thymian)

Auf Teig noch mal Öl gießen...

# 1.7  U3-Pizza 2008

*Spannend: Wir brachten eine wunderbare U3-Linie auf den Teig. Leider hatte ich diesen auf ein Blech ausgelegt, das nicht in den Herd passte. Ich musste das Ergebnis auf ein anderes Blech schieben... Das gab fast schon eine Calzone. Also. Optik Chaos, Geschmack super...*

Aus Paprika die U3-Linie, die an diesem Tag eröffnet worden war: Nächste Version, bei **Hefe** genau auf Dosierung geachtet und der Teig wurde griffiger. Wellholz und Tisch und Teig ***eingemehlt***: ging auch besser...

# 1.8   St. Martin Pizza 2009

| 500 gr Mehl | Tomaten |
|---|---|
| 40 gr frische Hefe | Paprika |
| 300 ml Wasser | Knoblauch |
| 4 EL Olivenöl | Käse |
| 1 TL Salz | Evtl Oliven |

Mehl, Hefe, Wasser, Öl verrühren... **30**min gehen lassen (Zimmertemperatur), auf gefettetes Blech gießen, glatt streichen, bei 40° im Herd noch mal 20min gehen lassen, belegen (Tomaten, Paprika, Käse, Knoblauch), auf 250° aufheizen, reinschieben, **30**min backen. Wurde Super: knuspriger Rand, lockerer Teig.

Ornament: **Grünes M**, 11.11., grün umrandeter, geteilter tomatenroter Mantel...

vorher  nachher

# 1.9  Faschingspizza Clown

*Clownesk belegen...*

500gr Ciabatte-Backmischung, 1 Päckchen Trockenhefe (falls noch nicht enthalten), 3 Zwiebeln, 200gr Kartoffeln, Salz, 150g Magerquark, 150g körniger Frischkäse (0,8%), 60g geraffelter Pizzakäse (21g Fett), Pfeffer 3 Paprikaschoten (rot, grün, gelb), gerebelter Oregano, 1 EL Olivenöl.

Hefeteig gut kneten (340ml Wasser), 30min gehen lassen. Zwiebelringe u dünne Kartoffelscheiben 2Min kochen u abtropfen. Quark, Frischkäse, Pizzakäse, Salz u Pfeffer verrühren. Teig vierteln. Backblech mit Backpapier auslegen. Teigzungen. Käsequark drauf streichen. Zwiebeln, Kartoffeln u Paprika drauf. Oregano drüber u Öl. Vorgeheizt **200°** Umluft: **30** min.

# 46    Pizzabrötchen

**A:** 500 Gramm geriebener Gouda

400 Gramm gewürfelter gekochter Schinken

Je eine rote, gelbe, grüne Paprika, gewürfelt (erst nach Kauf und
Waschen würfeln)

5 rote Tomaten, gewürfelt

**B:** 1 kleines Glas Salatmayonaisse

Pizzagewürz

7 Zehen Knoblauch

1/2 Becher Sahne (oder gleich alle...)

eventuell frisches Basilikum

**C:** 10 - 12 Brötchen

**D:** Man / frau mische alles zusammen. Die Sahne ergibt die
Streichfähigkeit (man lege eine Streicher-CD für den Hintergrund ein)

Brötchen halbieren und das Weiche mampfen bzw. lagern...

Brötchenhöhlen mit der Mischung füllen.

Bei 180ø-200ø ca. 10-15 Minuten überbacken.

Nur besonders sympathische Gäste einladen. Vorsicht bei
Vegetariern (nachfragen bzw. vorfühlen); in diesem Falle mehr Käse und
gehackte Zwiebeln. 17.09.1995

# 47 Pizzabrötchen Diät

Variante ohne.... Fett... (4 Personen)
8 Brötchen aushöhlen,
4 Tomaten
2 Paprika
1 Zwiebel (in Mikrowelle dünsten 1Min)
1 Knoblauchzehe
2 Stängel Liebstöckel
Salz, Pfeffer etc.
Reibkäse
Salami
Ganz fein würfeln... Reibekäse zum Binden untermischen
1 Salamiescheibe drauflegen.
10 Min bei 180° Umluft

# 48 Reispaprika Gefüllte Reispaprika

12 EL Orangensaft
16 Thymianstängel
8 EL Honig
½ EL Olivenöl
300gr Reis (gekocht)
4 Zwiebeln, 300gr Zucchini,
200 gr Putenaufschnitt
4 rote Paprika
400 ml Gemüsesaft,
Salz, Pfeffer,
400gr Joghurt mager

* Orangensaft, 4 Thymian, 1 EL Honig, Öl, Reis, gehackte Zwiebel, Zucchini, Putenschnetzel mischen. Paprika halbieren, füllen u in ofenfeste Form setzen.
* Gemüsesaft, Honig, Thymian, Salz u Pfeffer verrühren u zugeben.
* Umluft 180° 30 Min garen.
* Anschließend Soße mit Joghurt verrühren.

# 49 Ratatouille

angeregt durch den Film… Zutaten (Zeit ca 1 Stunde)

1 Aubergine, 2 Zucchini

je 1 Paprikaschoten rot gelb grün

1TL Rosmarin, 1EL Thymian, 1 EL Oregano

Olivenöl zum Anbraten

4 geschälte Tomaten (blanchieren)

1 Zwiebel, 4 Zehen Knoblauch, Salz, Pfeffer aus der Mühle

Zwiebeln und Zucchini anbraten, blanchierte Paprika und Aubergine (mit Salz zwischen scheiben 20 Minuten Wasser ziehen lassen und dann abtupfen) anbraten. 5 Minuten kochen. Tomaten unterrühren, salzen und pfeffern, die geschälten Tomaten, Knoblauch Kräuter und Zucker. 20 Minuten köcheln, wenn nötig etwas Wasser. mit Reis

# 50 Reissalat „Daddy

für 6 Personen
400gr Langkornreis
200gr wilden Reis
(1:2 Tassen)
200 gr Edamer
200 gr Gouda
4 hartgekochte Eier
4 Knoblauchzehen
1 gedünstete Zwiebel
1 Apfel
2 Tomaten
1 grüne Paprika
1Eßlöffel Senf
Salz
Pfeffer
6 EL Öl
2 EL Weinessig
nach Belieben: Curry, Herbes d.P.,

# 51 Rinderbrühe

500gr Rindfleisch, kleingeschnitten, die Hälfte angebraten wie bei Goulasch, Wasser gekocht: aufgegossen, anderes Rindfleisch ins kochende Wasser (damit sich die Poren schnell schließen), dann Suppengrün kleingeschnitten und hinzugefügt (Sellerie).

Andere **Version** : 1kg Rind: Hälfte mit zwei Zwiebeln und drei Knoblauchzehen anbraten, aufgießen mit kochendem Wasser, Rest Fleisch dazu, während es kocht, schnipseln: 8 **Kartoffeln**, 1 Stange Lauch, zwei Möhren, ¼ Sellerie. Dazu Rinderbrühe dazugeben und Gewürze (Salz, Origano, Majoran, Kräuter der Provence)

15 Min Sico, nachdem alles schon offen kochte, während das Gemüse geschnippelt wurde. Allerdings: Mit dieser Menge war der Topf überladen.

# 52 Salzburgher „Wolf Dietrich"

Brötchen halbiert, mit Käsekrainer (Käsewurst) flach belegenö
Reibekäse drüber:
Die Fleischeslust wird unter Salzburger Käse versteckt…
Ab in den Pizza-Backofen

# 53 Römerbraten

Als Römerbraten gekauft (Schwein, gewürzt und gepökelt? / für Sonntag
am Vorabend angebraten
Scharf angebraten im Sicco (15min, hätte länger sein können), dann 1
Zwiebel angebraten, abgelöscht mit Rotwein,
1/2l Wasser, drei Scheiben Ingwer a 0,5cm, 1 Paprika, Origano, Pfeffer,
Salz, Thymian, Majoran, 4 Zehen Knoblauch
Speisestärke (wirkte nicht sehr effektiv), Joghurt.
Mit Kartoffeln ist natürlich nicht original, aber was hatten die Römer dazu?
Anregungen: Genießen wie die alten Römer)

# 54 Schweineschnitzel

2 Ei(er / 150gr Semmelbrösel & 125ml Öl, Paprikapulver, edelsüß, Salz
und Pfeffer,
Schnitzel abspülen und trocken tupfen, Salz Pfeffer würzen. Schnitzel in
verschlagenem Ei und in den Semmelbröseln wenden. Panade gut
andrücken.
Öl mit dem Paprikapulver und Chiliflocken verrühren.
Backpapier auf Backblech.
200° Umluft ca. 20 Min. braten. Nach 15 Min wenden.    wenden.
Kartoffeln.

# 55 Schweinebraten o lá la

Für 4 Personen / im Sico (20min)
*500 gr mageres Schweinefleisch* (1kg 25min*)* 2x1,1kg (in 2 Töpfen) 30min
*Estragon, Pfeffer, Paprika, Basilikum, 4 Knoblauchzehen*
*Öl*
*2 Zwiebeln*
*¼ l Rotwein (2012 gut 1/4 l Schwarzbier)*
*½ l Wasser*
*½ Fleischbrühwürfel,*
*Sahne*
*Ein trockenes Brot* (Anschnitt) a la Großmutter) (2012)
500 gr mageres Schweinefleisch mit Öl befeuchten, würzen mit Estragon,
Pfeffer, Paprika, Basilikum, Knoblauch. Zwiebel hacken, Fleisch anbraten, dann
Zwiebeln zugeben, Mit Rotwein ablöschen; ½ l Wasser dazu (bzw Bier), ½
Fleischbrühwürfel, 3 Knoblauchzehen, Estragon, Paprika, Pfeffer
20 Minuten kochen (im Sico)
abkühlen lassen, Fleisch überprüfen, Soße binden (evtl. zwei Päckchen
Bratensoße), noch mal Knoblauch zugeben, im Sommer Liebstöckel
Nach Aufkochen Rotwein (bzw Bier) und Sahne zugeben.
Gut mit Kartoffeln und Tomatensalat bzw. Rotkraut , Christel macht leckere
Klöße
auch mit 730gr Fleisch (Nacken)

# 56 Schollen/Seelachs-filet auf Linsen

Schollen/*Seelachs*-filet auf Linsen
3 (rote) Zwiebeln, 3 Paprikaschoten, 10 getrocknete Tomaten
**300gr rote Linsen**
4 TL Öl (von den Tomaten)
100ml Gemüsebrühe
1 TL Zimt, Salz, Pfeffer,
**500gr Schollen**- oder Seelachsfilet
Zitronensaft
Zwiebeln u Paprika würfeln. Gemüse, Tomaten, Linsen, Gewürze, Öl
u Brühe 6 Min zugedeckt in Pfanne garen.
Filets salzen, auf die Linsen setzen, Zitronensaft drüber, gute 6
Minuten garen, pfeffern nach Geschmack

# 57 Spinatgericht lecker

Rahmspinat ½ Zwiebel Gemüsebrühe Muskat Salz und Pfeffer Öl – Kartoffeln
Knoblauch und Zwiebel klein hacken und in einem Topf in etwas Öl anbraten. Den Spinat dazu geben, heiß werden lassen und ein paar Minuten auf kleinster Flamme köcheln lassen. Mit gekörnter Gemüsebrühe, Muskat, Salz und Pfeffer abschmecken. – Kartoffeln zugeben
Zubereitungszeit ca. 10 Min

# 58 Hähnchen Involtini auf Risotto

2 Zwiebeln, 160gr Reis, 2EL Olivenöl, ½ l Hühnerbrühe, 330g TK-Erbsen, 175g braune Champignons, 50g Kochschinken, 30g Meerrettich-Frischkäse (15g Fett), Salz, Pfeffer, 1 Zitrone, 8 Putenrouladen (a 60g), oder Hähnchenbrust 2 Lauchzwiebeln....

*Zwiebelwürfel und Reis in 1 EL Öl andünsten, 400ml Brühe zugeben, bei kleiner Hitze 15 Min kochen. Erbsen zugeben, weitere 5-7min kochen. Pilze u Schinken fein hacken. Pilze i Öle unter Rühren kurz anbraten. Abgekühlt mit Schinken u Frischkäse verrühren u mit Salz, Pfeffer u Zitronensaft abschmecken.*

*Hähnchen würzen (im Falle von Rouladen würzen u mit 1 EL Pilzfarce füllen. Aufrollen, mit Holzspießen feststecken u in restlichem Öl anbraten. Mit Rest-Zitronensaft u Restbrühe beträufeln; bei mittlerer Hitze 6-8min zugedeckt braten.*

*Mit Risotto u Lauchzwiebeln anrichten.*

## 59 Huhn jiddisch-indisch

Die Ursprünge des leckeren Essen werden der jüdischen Gemeinde im südindischen Cochin zugeschrieben. Eigentlich müsste das Huhn koscher geschlachtet werden, aber das bringt nur etwas, wenn der ganze Haushalt koscher ist. Hier also die Version für Gojim.

8/8tel Brathuhn
2 Tomaten gehackt, 400g Schalotten in Scheibchen
4 grüne Peperoni, in Scheibchen
Ein Stückchen Ingwer gehackt, 5 Knoblauchzehen gehackt
TL Kurkuma, EL Koriander
2EL Zitronensaft, 1 T EL Zucker, Salz
2 EL Salz
2 EL Sonnenblumenöl
1 Löffelspitze Chili, 1 TL Curry
¼ l Wasser
Löffelspitze Salz und den Zucker in Zitronensaft einrühren.

Öl in Pfanne erhitzen. Curry kurz einrühren, dann Knoblauch, Schalotten, Peperoni und Ingwer zugeben, dünsten. Tomaten, Chili, Kurkuma und Salz einrühren und 4 Min köcheln.

Huhn ins Gemüse und „unterrühren". Mit ¼ l Wasser aufkochen und 10 Min köcheln lassen. Ab und zu die Sauce neu zum Huhn mischen. Hühnerstück auf Platte geben, Sauce darüber gießen, mit Koriander schmücken.

## 60 Weizen mit Bohnen

300gr Weizenkörner
500gr grüne (TK)-bohnen
150gr getrocknete Tomaten
4 EL Naturjoghurt
2 Zwiebeln
Cumin, Kümmel, Pfeffer, Salz, Petersilie
Weizenkörner: 3min kochen, 60min quellen lassen (Gemüsebrühe)
Grüne Bohnen (auftauen): dann 30 min köcheln
Zwiebeln hacken und mit Kümmel (gemörsert) 1.30min in Mikrowelle
Joghurt, Tomaten und Gewürze mischen

# 𝔙𝔬𝔯𝔰𝔭𝔢𝔦𝔰𝔢𝔫

## 61 Paprikaschoten mariniert ...

Ich nahm **5 Paprikaschoten** (dreifarbig) (ich brauchte 1 ½ Stunden). Die Paprikastreifen briet ich in der Pfanne ca.10 Min in Fett an; sie müssen wirklich heiß werden, um anschließend gehäutet zu werden. Ich röstete eine grob gehackte Knoblauchzehe mit an... während des Anbratens machte ich eine normale Marinade, die ich dann erhitzte und darin die Streifen zehn Minuten lang ziehen ließ. Sie ließen ziemlich viel Wasser (schmackhaft), das ich zum Nachziehen mit in die Schüssel tat. Vier Stunden später drapierte ich sie auf einem großen Teller. Sie schmeckten sehr lecker. Sylvester spontan

Zehn Jahre später gelang das mit dem Häuten nicht so gut. Man kann die Paprika auch 5 Minuten in die Mikrowelle stecken (höchste Stufe) oder kochen. Sylvester geplant. Diesmal bereitete ich parallel dazu Auberginen zu, die besser gelangen.

5 Paprikaschoten, Knoblauchzehen, Olivenöl, Balsamico-Essig und Oliven-Öl (1:3), Thymian, Origano, Pfeffer und Salz (Chili)

marinierte Paprikaschoten, gefüllte Zucchini

## 62 Zucchini Gefüllte Zucchini

Vier große Zucchini aushöhlen
500 gr Hackfleisch (zwei in Rotwein eingeweichte Brötchen),
200 gr geriebener Käse (z.T. in Füllung, z.T. drüber)
2 Eier, 2 Knoblauchzehen, 1 Zwiebel, zwei Stangen Liebstöckel,
    Muskatnuss, Salz, Pfeffer, Kräuter der Provence...
Zucchini in der Mikrowelle 3 Min dünsten
25 Minuten bei 210° backen.

# Kuchen und Plätzchen

### 63 Kuchen auf die Schnelle

Gleich zu Beginn Mehl, Zucker u Backpulver mischen!
200gr Mehl, 1Pckg Backpulver, 160gr Zucker, 3 Eier
125ml Saft / Milch / Apfelbrei, 125ml Öl;
Haselnussmehl nach Gefühl
Hab ich im Messbecher gemischt...
Kastenform 50 min Umluft 180°

### 64 Gewürzkuchen

125g Butter / 300g Mehl / 125g Nüsse mit Mandeln gemischt gemahlen, 300g Zucker, 4 Eier, 1Pckg Backpulver, 250ml Milch
Nach Gefühl: Zimt, Nelken gemahlen oder gestoßen, Ingwer gehackt, Holunderblüten getrocknet, Kardamon, Zitronensaft, Kakao.
175°, eine Stunde mit Umluft

# 65 Kuchen zum Belegen

10 Äpfel z.B. pro Blech
250 gr Butter schaumig rühren / Margarine / wenn's schnell gehen muss 0,5l Öl
250 gr Zucker dazu
5-6 Eier
Vanillepulver
2 TL Backpulver
400 gr Mehl
Zitronenaroma, Rum
6 EL Milch / Sahne
Gut mischen, aufs Blech gießen und streichen, divers belegen
Umluft: 160° 20min

Originale Milleniumsversion

Alternativ **Dinkelmehl** / 200° Umluft, oben drauf: ein bisschen Zucker und gehackte Mandeln
Mit Dinkel und Äpfeln: Leicht bröckelig… Menge für 2 Kuchen einfach verdoppelt.!
Mit Ingwer und „Zipper&Zunk" oder Pflaumen von der Pfarrkonferenz…

2010                    2011

Mit Äpfeln aus eigenem Garten für Eine-Welt-Laden beim Regionalmarkt)

# 66 Quarkkuchen a la Berufsschule

1250 gr Quark (40%)

250 gr Zucker

5 Eier

1 ½ Mandel-Schoko-Puddingpulver

1 ½ Vanille-Soße-Pulver (oder: 2xSoße, 1xPudding)

4 EL Zitronensaft

beliebig Mohn (in Milch aufkochen)

diverse Mandeln (gehackt), auch mit Mandarinen oder Ingwer (Lecker!)

unten drunter Semmelbrösel

150° Umluft 55min

oben auf den Kuchen : Mandelplättchen

*Guten Appetit!*

    Als Einladungskuchen mit 2xPudding, 1xSauce und Magerquark 0,2% 500gr. Platt, schmeckte aber gut (mit Glühwein)

    Fürs Kindergartenfest mit Vanillepulver, super (60min). Der einzige Kuchen, der komplett wegging

    Mit der neuen Glasbodenform und Rezeptvariante: mit Äpfeln – Vier ist aus Mandeln. 2xPuddingpulver Vanille 4 Eier… Schmeckte lecker.

## 67 Rotweinkuchen zur Fastenzeit

*Ich muß noch Rotwein aufbrauchen, weil die Fastenzeit begonnen hat...*
*Alternativ Glühwein, plus gemahlene Haselnüsse u Mandeln oben drauf)*

250g Butter / 250g Mehl /
250g Zucker / 4 Ei(er) /
**250ml Wein**, rot
1TL Zimt / 2 Pchg. Vanillezucker / 1Pckg Backpulver

### Zubereitung

Hohes Rührgefäß nehmen! Die Butter schaumig rühren, dann Eier und Zucker dazugeben. Ebenso Zimt, Vanillezucker und Kakao gut schaumig rühren. Abwechselnd das mit Backpulver vermischte Mehl und den Rotwein daruntermischen. ca. 50 Minuten bei 180° C backen.

## 68 Smarty-Johannisbeer-Rührung

250 gr Margarine

200 gr Zucker

4 Eier

1/8 l Milch

400 gr Mehl

100 gr Speisestärke

1 pck Backpulver

500 gr Magerquark

Johannisbeeren

für die Formen: Margarine und Semmelbrösel, 2 Gugelhupfformen, 180° 60 min

# 69 Igel-Kuchen à la Großmutter Barbara

*200gr. Margarine*
*200gr. Zucker*
*3 Pä. Vanillezucker*
*3 Eier*
*500 gr Mehl*
*3/8 l Milch (knapp)*
*1 Pä Backpulver (evtl. sieben)*
*Gestiftelte Mandeln, Couverture*
*Schokopudding statt Glasur, ging gut*

Zu einem glatten Teig verrühren. In gefetteter Form etwa 60 Min backen. Mehr Unter = als Oberhitze! (21. Jahrhundert: Umluft und 180°. Super; mit 50 Min plus Restwärme ebenfalls) - *Hier Großmutters Super-Anweisungen von anno dazumal:* "Etwa 100 gr Mandeln kochen, schälen, stifteln und auf den noch warmen Schokoladenguß stecken.

Glasur: 200 gr Puderzucker, 40gr Kakao, 1 Eßl zerlassenes Palmin (o and. Fett) oder Butter, 2-3 Eßl. Heißes Wasser. Wenn es zu schnell fest wird ins Wasserbad stellen."

Den noch warmen Kuchen glasieren und bestecken. Beim kalten brechen die Mandeln leichter.

## *Igelkuchenvariante für zwei verschiedene Formen*

250ml SB-Öl, 250 gr Zucker, 4 Eier,
600gr **Dinkel**mehl, 300ml Milch,
1Pckchn Backpulver

(nur mit Gabel gemischt...) Das Ganze in eine runde und eine Kastenform (beim Kastenteig noch gehobelte Mandeln untergehoben). Auf zwei Ebenen 70 min 200°.

Kuvertüre auf warmen Kuchen, dann Mandelstifte gesteckt mit M und V... auf Kastenkuchen gehobelte Mandeln gestreut.

Statt Glasur: Mit Pudding (60gr Zucker)

# 70 Marmor Kuchen „Smarty" 2000

250 gr Margarine oder entsprechendes Fett...
200 gr Zucker
4 Eier
1/8 l Milch
400 gr Mehl
100 gr Speisestärke
1 pck Backpulver
40 gr Kakaopulver
40 gr Zucker
½ Tasse Puderzucker
für die Formen: Margarine und Semmelbrösel
2 Gugelhupfformen, Erste - zweit Hälfte des Teiges ohne/mit Kakao
180° 60 min
Passt auch für zwei Formen, statt Speisestärke Mehl. Auch mit gehackten Mandeln gelang es prima…
Varianten: 2EL gemahlene Haselnuss u Johannisbeermarmelade, 3 Kastenformen / + Ingwer / Variante mit Zipper & Zunk + Heidelbeeren

Für drei Formen: 1kg Mehl, 400gr Zucker, 2 Pckg Backpulver, 8 Eier, 0,5 l Öl, 3/4 l Milch, Teig in einer Schüssel rühren, dann auf zwei verteilen und Vanille bzw Schoko unterrühren.
Bei 180° 60 Minuten, nach 10 Minuten einritzen!

## 1.10 Arbeiterkuchen „1.Mai"

250g Butter / 250g Mehl / 250g Zucker

4 Eier / 250ml Früchtepunsch,

1TL Zimt / /

1Pckg Backpulver

1 Banane, 1 Handvoll gehobelte Mandeln

ca. 50 Minuten bei 180° C backen. Springform m Glasboden

## 1.11 Kokoskuchen 30.04.09

Heute fügte ich noch ca. 100gr Kokosstreußel statt Schokolade und Mandeln dazu und schaltete das Programm 10 „Kuchen

## 1.12 Glühwein-Apfel-Kuchen...

125ml Öl; 125ml Glühwein, 160gr Zucker, 1 Ei / 200gr Dinkelmehl, 1Pckg Backpulver, 1 Apfel, 1 Handvoll Mandeln, Zimt, Gelang super (Stufe 10), leckere Kruste (2.50Std)

## 1.13 Dinkel-Mandel-Kuchen...

## 1.14 Adventskuchen mit Kirschen

125ml Öl; 160gr Zucker, 3 Eier

125ml Kirschsaft,

200gr Dinkelmehl, 1Pckg Backpulver, Zitronensaft, Kirschen, 1 Handvoll Mandeln, Zimt, Piment...

Ging nicht ganz auf, weiß nicht, warum (Stufe 10)

## 1.15 Freitags Cola-Cuchen

125ml Öl; 125ml **Cola**-light, 160gr Zucker, 3 Eier

200gr Dinkelmehl,

1Pckg Backpulver, Zitronensaft, 1 Handvoll Mandeln...

Einfach rein, mit Öl beginnen, Stufe 10: Kuchen / Super!!!

## 1.16 TraubensaftDinkelkuchen

Dinkelmehl, Zitronensaft, Stufe 10 Kuchen, 125mls Traubensaft, sehr locker, sehr süß

*125ml Öl; 125ml Orangensaft, 160gr Zucker, 2 Eier, 1 Handvoll Mandeln, 200gr Dinkelmehl, 1Pckg Backpulver, Vanillezucker (Stufe 10), leckere Kruste*

## 1.17 Hochzeitsringe-Kuchen

150ml ausgepresster Zitronensaft gemischt mit Orangensaft, geraspelte Zitronenschale,

150ml Öl, 180gr Zucker, 300gr Dinkelmehl, 1 Pckg Backpulver, 3 Eier, 2EL Kokosraspeln… Stufe 10

### 1.18 StrawberryFieldsForever-Cake

Variante: Statt Saft Weißwein, etwas Kokosnuss und vor allem: **Ingwer** kleingeschnitten… Lecker!!! Zwei Eier.

Mit Rotwein, Ingwer und Hefe. Lecker, aber flach. Knusprig braun, lag wohl an den Eiern…

### 1.19 Pflaumenkuchen

250ml Öl / 200gr Mehl / Backpulver / Vanillezucker / 160 gr. Zucker /3 Eier / gestiftelte Mandeln, Ca.15-20 Zwetschgen geviertelt, feucht… schmeckt wie Pflaumenauflauf…

### 1.20 Schokokuchen 25.3.09

125ml Öl; 125ml Saft, 160gr Zucker, 3 Eier

200gr Mehl, 1Pckg Backpulver, 3 gehäufte Teelöffel Schokopulver, 1 Handvoll Mandeln…

Einfach rein, mit Öl beginnen, nach 1 Std Mandeln draufstreuen

## 1.1 Advents-Hefekuchen -

Mit Öl ausgeschwenkt, Kirschen + 150-ml Saft + 150 ml Milch

3 Eier, 300gr Dinkelmehl

100 gr gemahlene Mandeln

50 gr Butter, 10gr Hefe

6 EL Zucker, Zimt, Piment

Auf Süßes Brot = Hefeteig eingestellt (2.50Min) Sieht ganz gut aus…

## 72 Volkys Glühwein-Apfel-Kuchen

250g Butter / 250g Dinkelmehl / 250g Zucker

4 Eier / 250ml Glühwein,

1TL Zimt / / 1 TL Kakao

2 Pckg. Vanillezucker / 1Pckg Backpulver

1 Apfel, 1 Handvoll gehobelte Mandeln

Zubereitung

Hohes Rührgefäß nehmen! Die Butter schaumig rühren, dann Eier und Zucker dazugeben. Ebenso Zimt, Vanillezucker und Kakao gut schaumig rühren. Abwechselnd das mit Backpulver vermischte Mehl und den Glühwein daruntermischen.

In Springform (gefettet!) füllen, 1 Apfel entkernen, in Halbscheiben schneiden, auf den Teig legen; Mandeln gehobelt darüber streuen.

# 73 Zitronenkuchen Kölner Karneval

mit Öl gebacken, extra saftig / Zutaten für 1 Portion

| Zutaten | |
|---|---|
| ✪ 1 Zitrone, unbehandelt, Schale |  |
| ✪ 4 Eier | |
| ✪ 250 g Zucker | |
| ✪ 200 ml Ananassaft | |
| ✪ bzw. Orangensaft | |
| ✪ 300 g Mehl | |
| ✪ 1 Pck. Backpulver | |
| ✪ 200 g Puderzucker | |
| ✪ 1 Zitrone, den Saft | |
| ✪ 200 ml Öl | |

180 Grad (Umluft) / 50-55 Minuten

Ofen auf 200 Grad vorheizen. Schale von 1 Zitrone fein abreiben oder raspeln. Eier mit Zucker dick-cremig schlagen. Öl, Zitronensaft und Orangensaft zugeben. Abgeriebene Zitronenschale,

Mehl mit Backpulver mischen und rasch unterrühren.

Den abgekühlten Kuchen mit Puderzucker/Zitronensaft -Gemisch bestreichen oder Puderzucker bestreuen.

**Zubereitungszeit:** ca. 20 Min. **Ruhezeit:** ca. 1 Std.

# 74 Blaubeerkuchen

250 ml Öl...
200 gr Zucker (versuchen:250 gr)
4 Eier, 1/4 l Milch
500 gr Mehl, 1 pck Backpulver
400gr Heidelbeeren (sauteuer!)
Bestreuen mit Mandeln

# 75 Darth Vader Kuchen „Fighter12"

Starwars-Darth-Vader-Kuchen
225gr Butter,
160gr Zucker,
270gr Mehl (Weizen/ Dinkel),
150gr Kakao, 150ml Milch, 3 Eier, Vanillezucker, Backpulver…
45 Min 170-180°, nach 15 Min 2cm vom Rand rundum einschneiden.
  Holzstäbchentest, Garnieren…

# 76 Kaiserin Friedrich Torte

Aus der Kaiserlich-preußischen Hofbäckerei

**Zutaten:**
350 gr Butter, 350 gr Zucker, 350 gr Mehl (3x350 gr)
10 kleine Eier (=7 große), 125 gr Zitronat
1 Päckchen Vanillezucker, 2 Eßlöffel Rum, 10 gr Backpulver

**Zubereitung**
Eier in Eiweiß und Eigelb trennen, Eiweiße zu Schnee schlagen
Butter, Eigelb und Zucker 3/4h rühren (Uiii)
Gewürze und 75 gr Zitronat hinzufügen
dann Mehl, Backpulver und Eischnee

**Präsentation**
Nach dem Backen mit Guß überziehen
200gr Puderzucker, 2 Eßlöffel Zitronensaft
2 Eßlöffel Rum zu dickflüssigem Guß anrühren
Torte damit überziehen und mit dem Rest des Zitronats
bestreuen

# 77 Quark-Auflauf Advents-Quark-Auflauf

1 ½ pfd Quark (Magerquark: & ½ Becher Sahne)
5 Eier (trennen) möglichst kaltes Eiweiß zu Schnee schlagen mit 1
EL Zucker
10EL Honig (6 EL Zucker )
3 Pckg Vanillezucker
1 Hand Rosinen (m Rum)
¼ pfd Gries
Prise Salz
Zum Dicken: Semmelmehl
Zimt, Nelkenpulver, gehackte Mandeln einstreuen
*Nach Mischen Eischnee unterheben, Bestreuen mit Mandeln u*
*Butterflocken*
*Bei 175° Umluft kalt reinschieben, Ab Aufheizung 1 Stunde*

*Evtl. mit Kompott servieren*

## 78 Lebkuchen Alter Nürnberger

¼ pfd Honig (125gr)
¼ pfd Zucker
1 Ei
1 pck Backpulver
Zitronat, Orangeat, Nelken gemahlen, Zimt gemahlen...
1 EL Milch
½ pfd Mehl
: kneten und aufs Blech:
150-175° 20-30 min

## 79 Lebkuchen 19. Jhd

3 pfd Staubzucker
2 ¼ pfd Mandeln
1 ¼ pfd Zitronat
1 pfd Orangeat
15 gr Nelken
30 gr Zimt
15 gr Kardamon
15 gr Muskat
3 Zitronen
50 gr Amonium
30Eier
2 EL Honig
**3 pfd Mehl**

## 80 *Lebkuchen* Sweet Leonardo

5 Eier mit
250 gr Zucker schaumig schlagen - dazu mischen:
400 gr geriebene Mandeln
500 gr Mehl
1 TL Backpulver
5 EL Honig
2 EL Zucker und Zimt
100 gr Orangeade
1 TL Zimt
Nelken, Muskat, Piment
Teig abdecken u 2 Stunden in Kühlschrank, 180° Herd vorheizen
1 cm dick ausrollen und in Formen schneiden
Eigelb darüber streichen (eventuell m Wasser)
mit Mandeln verzieren, 20 min Backen

## 81 Rezept Lebkuchen

400 g gemahlene Haselnüsse
200 g gemahlene Mandeln
100 g gehackte Mandeln
100 g Mandelblättchen (zerkleinern)
8     Eier
500 g brauner Zucker
200 g Orangeat
200 g Zitronat
1 Päckchen  Lebkuchengewürz
1 Päckchen  mittelgroße Oblaten
Schokoguss

Eier schaumig rühren, Zucker zugeben
Nüsse, Orangeat, Zitronat und Gewürze nach und nach zugeben
**1 bis 2 Tage im Kühlschrank ruhen lassen !**
 Backblech mit Backpapier belegen
Lebkuchenmasse auf Oblaten verteilen und auf das Backblech legen
Backen: mittlere Schiene 180$^0$ C
10 bis 15 Minuten (Die Lebkuchen dürfen nur ganz leicht goldbraun und müssen
innen noch ganz weich sein. **Vorsicht auf keinen Fall zu lange backen!!!**)
Anschließend mit Schokoguss oder Zuckerguss überziehen.

# 82 Ritter-, Maulwurf-, Rührkuchen

500 gr Mehl, 1 pck Backpulver, 250 gr Margarine ..., 200 gr Zucker (besser:250
  gr), 4 Eier, 1/4 l Milch, 1x Schokopuddingpulver, 2x Vanillezucker,
  Apfelstückchen , Gehackte Mandeln
160°; 60 min; nach 10 Minuten einritzen, in zwei Formen (eine Gugelhupf für
  Maulwurf…) – passte… Darauf eine Figur mit Zahnstocher stecken…

# 83 Kokosmakronen Advent

200 gr Kokosflocken

200 gr Zucker

4 Ei-weiß

Vanillin

Zucker und Eiweiß schaumig schlagen, Flocken einrühren, Vanillin
zugeben. Oblaten (5cm) mit Esslöffel portioniert,
20min backen bei 160° vorgeheizt

# 84 Anisplätzchen

3 Eier
250gr Puderzucker
2EL Vanillezucker
1 prise salz
**2TL frisch gemahlener Anis** (*Pimpinella* Anisum)
1EL gestoßener Anis
250gr Mehl

*Eier u Puderzucker schaumig schlagen*
*Den Rest einrieseln lassen*
*Gestoßenen Anis aufs Backblech streuen*
*kleine Häufchen spritzen (Spritzbeutel)*
*24 Stunden trocknen (Zimmertemperatur)*
*160° 20min backen*

2 Wochen ziehen lassen....

# 85 Dagmars leckere Plätzchen

250gr Mehl
1 Ei
125gr Zucker
1Prise Salz
1x Mark einer Vanilleschote
1 Pck Vanillinzucker
150gr flüssige Butter
Rühren, 1 Stunde kaltstellen
Nach Belieben formen; ggf Marzipan einwickeln

# 86 Zwiebelkuchen m Mürbteig

| 125 g Mehl | 1 TL Weißweinessig |
|---|---|
| 60 g Butter | 400 g Gemüsezwiebel |
| 1/4 TL Salz | 80 g gekochter Schinken |
| 2 EL Eiswasser | 20 g Butter |
| 2 Eier | 100 g Creme Fraiche |
| Pfeffer, Salz Kümmel | |

Portionen - 579 Kcal pro Portion - 30 min Zub. - 60 min Ges.

Aus Mehl, Butter, Salz und Weißweinessig einen Mürbeteig kneten. Ca. 1/2 Stunde kalt stellen. Zwiebeln halbieren, in Scheiben schneiden, bissfest dünsten. Frisch gemahlener Pfeffer, Salz und Kümmel. Gekochter Schinken in Streifen.( Durchwachsener Speck oder roher Schinken). Teig auf bemehlter Arbeitsfläche ausrollen.

24er Springform. Kleinen Rand formen. Zwiebeln verteilen. Aus Creme Fraîche, Eiern, Pfeffer und Salz eine Sauce anrühren. Über die Zwiebeln verteilen.

Im vorgeheizten Ofen bei 200° ca. 35 Min., mittlere Schiene, backen.

# 87 Zwiebelkuchen mit Hefeteig (Salz!)

500gr Mehl, 125ml Milch, 1 Ei, 1Pck Hefe (40gr), ½ Tl Zucker, gut salzen…

Drauf: 10 Zwiebeln, 3 Eier, (möglichst: 200gr Speck), 200ml Sahne (auch saure), 20gr Butter, Salz (!), Pfeffer, Muskat, reichlich Kümmel, evtl Origano.

Milch, Salz, Zucker u Hefe verrühren; in eine Kuhle im Mehl schütten und verrühren. 15min gehen lassen. Ei, Butter, Milch und einen Schuss Federweisen zugeben. Teig kneten. 1 Std gehen lassen.

Zwiebeln hacken, mit Speck in Mikrowelle dünsten.

Rest mischen…

Teil ausrollen!!!

Auf Blech platzieren, Zwiebeln drauf, Mischung drauf…

30 min backen bei 220gr

Gleich zu Beginn: schmeckte nicht sehr gut, weil zu wenig Salz dran war!!! Positiv: Muskatnuss…

# Index

# Bisher erschienen von Volker Schoßwald:

**Sachbücher:**
Albert Schweitzer, Antizipationen des Reiches Gottes
Allmacht: Ist Gott wirklich allmächtig?
Da war doch was…
Die Sgt. Pepper Generation
The Beatles go DADA
Martin Luther King – der letzte Prophet
Rebellen der Reformation
Rekrut am Rande eines Völkermords
Dietrich Bonhoeffer als Seelsorger und Zeitgenosse
Rezepte aus Schossis Küche

**Roman:**
Lucy, der Himmel und ich

**Kinder- und Jugendbücher**
Lolo, Bibi und Piccolina, das Eselchen (Toskana)
Lolo, Bibi und die Mumie (Berlin)
Lolo, Bibi und die goldene Madonna (Schwabach)
Lolo und Bibi für Erstleser (Gekürzte Sammlung Band 1-3)
Lolo und das Maul des Löwen (Tanzania)
Lolo und Bibi und die Lady von Kerry (Irland)
Albert im Dschungel (Albert Schweitzers Geschichten)
Käpt'n Windpocke (Reise um die Erde)
Volkys Kasperltheater